ricette ricche di PROTEINE VEGETALI

edizioni red!

Significato dei simboli che accompagnano le ricette:

PREPARAZIONE MOLTO SEMPLICE

PREPARAZIONE FACILE

PREPARAZIONE ELABORATA

POCO COSTOSA

RAGIONEVOLE

COSTOSA

Le civiltà di ogni parte del mondo, fin dall'antichità, sono state caratterizzate da un'alimentazione essenzialmente vegetale in cui la carne e il pesce erano considerati alimenti per i giorni festivi o riservati alle classi privilegiate. Va poi sottolineato che cereali e leguminose sono sempre stati strettamente associati – vedremo più avanti le solide basi di questa combinazione – come per esempio la pasta e fagioli in Italia, il cuscus e i ceci in Medio Oriente, il riso e le lenticchie in India ecc. Gli esempi di questo tipo sono moltissimi.

È da una ventina di anni che la carne si trova quotidianamente sulla nostra tavola. Un tale consumo è sicuramente esagerato, e la nostra salute ne può risentire. Per convincersi basta leggere alcune cifre, che mostrano come l'eccessivo consumo di proteine animali vada di pari passo con un aumento dei problemi di salute, quali malattie cardiache, obesità, arteriosclerosi, reumatismi, diabete... per non parlare dell'invecchiamento prematuro del nostro organismo.

Le proteine animali e vegetali sono senza dubbio indispensabili – vedremo a pag.16 quale sia il loro ruolo – ma devono essere scelte attentamente e assunte nella giusta quantità; per esempio, le numerose tossine che contengono le proteine animali, associate agli acidi grassi saturi, si rivelano a lungo termine pericolose per la nostra salute.

La necessità di ridurre il consumo di proteine animali è anche una conseguenza degli scandali di cui siamo venuti a conoscenza qualche anno fa, quando si è scoperto che le mucche alimentate con ossa triturate invece che con erba "impazziscono" e che i maiali e altri animali spesso vengono nutriti con gli scarti dei mattatoi; senza dimenticare i prodotti chimici iniettati agli animali sotto forma di vaccini, medicinali, ormoni per la crescita, e i concimi chimici, gli insetticidi e i pesticidi introdotti nelle coltivazioni.

Alla luce di tutto questo, il consumo di proteine vegetali, che fino a poco tempo fa era considerato una questione di secondaria importanza, utopistica o ecologistica, è ritornato all'attenzione generale. Meglio così, perché le proteine vegetali possiedono molte indiscutibili qualità energetiche e nutritive e gli alimenti che le contengono sono particolarmente gustosi.

Anche senza diventare vegetariani, diminuire il consumo di proteine animali sostituendole con quelle vegetali non può che essere un beneficio per la nostra salute. Allo stesso tempo questa scelta offre l'occasione per ripensare il nostro rapporto con la terra e con l'ambiente, ponendolo su basi di maggiore rispetto e attenzione. Basti pensare al fatto che per produrre la carne è necessario alimentare i bovini con grossi quantitativi di cereali che, se fossero invece destinati all'alimentazione umana, potrebbero costituire delle preziose risorse per le popolazioni più povere.

Provate le ricette proposte in questo libro. Scoprirete che gli alimenti che contengono proteine vegetali sono molto gustosi e non potrete più farne a meno!

La prima parte di questo libro vi farà scoprire che cosa sono le proteine vegetali. Anche se abbiamo escluso del tutto i piatti a base di carne e di pesce, nelle ultime ricette rientrano i sottoprodotti animali come le uova e il formaggio, che completano al meglio le proteine vegetali e ne aumentano il valore nutritivo (a condizione di sceglierli di qualità).
Il latte di mucca, invece, spesso responsabile di problemi digestivi e respiratori, di eczemi e di altri disturbi, nelle ricette che proponiamo è stato sostituito con il latte vegetale. In commercio esistono tipi di latte vegetale davvero deliziosi, come quello di mandorle, di soia, d'avena, di riso*, ma naturalmente nessuno vi impedisce, se lo desiderate, di utilizzare il latte di mucca nelle stesse proporzioni per preparare le nostre ricette.

*In vendita nei negozi di prodotti naturali e nei reparti dietetici dei supermercati.

LE PROTEINE VEGETALI... QUALI SONO?

Le più conosciute e abbondanti sono quelle contenute nei cereali e nelle leguminose; ma sapevate che anche la frutta secca, le alghe, i germogli e il lievito alimentare costituiscono una buona fonte di proteine? In particolare il lievito alimentare è eccellente per la pelle e i capelli, grazie alle vitamine del gruppo B che contiene.

LE LEGUMINOSE

Si tratta di legumi secchi: lenticchie (corallo, verdi, nere), piselli, fave, ceci, fagioli (bianchi, neri, gialli, nani, azuki, mungo, soia verde, soia gialla*). Ne esiste una moltitudine... non avrete che l'imbarazzo della scelta.
Per tutti i legumi secchi la preparazione è identica: richiede l'ammollo per una dozzina di ore (a esclusione di piselli e lenticchie, che possono essere cotti senza ammollo), allo scopo di eliminare le impurità contenute nelle leguminose e di renderle morbide. La cottura dei legumi – al vapore, in acqua bollente o stufati – varia dai 45 ai 90 minuti.
I legumi secchi risultano più saporiti se lasciati sobbollire a fuoco basso, soprattutto se utilizzate le classiche pentole di ghisa della nonna.
Le leguminose contengono, oltre alle proteine, molte fibre (indispensabili per il transito intestinale), minerali e vitamine.

* Il tofu e il tempeh, alimenti a base di soia gialla, sono delle eccellenti fonti di proteine; fate riferimento alle pagg. 44 e 45.

COMPOSIZIONE DELLE LEGUMINOSE

per 100 g	PROTEINE	FIBRE	CALORIE
CECI	19 g	23 g	360 kcal
FAGIOLI	21 g	25 g	341 kcal
FAVE	23 g	22 g	343 kcal
LENTICCHIE	25 g	12 g	346 kcal
PISELLI	26 g	23 g	341 kcal
SOIA	38 g	25 g	420 kcal

Quando consumate i legumi fate attenzione, perché contengono anche fattori antinutrizionali che vengono distrutti solo mediante la cottura e la germinazione. Per questo motivo non consumateli mai crudi.
La germinazione dei legumi consente anche di aumentarne in maniera incredibile i valori nutrizionali. La soia gialla invece non va mai fatta germogliare, essendo il solo legume i cui germogli sono tossici.
Quando parliamo di germogli di soia, stiamo parlando in realtà dei fagioli mungo, più comunemente chiamati soia verde.

Una piccola manciata di bicarbonato di sodio aggiunta all'acqua di ammollo favorisce la cottura dei legumi e li rende più morbidi.

Calcolate 1 litro di acqua per cuocere 250 g di legumi secchi.

Salate i legumi secchi solo alla fine della cottura, per non indurirli.
Per insaporirli potete utilizzare erbe fresche.

L'acqua di ammollo non deve essere mai riutilizzata, perché contiene tutte le impurità eliminate dalle leguminose.

L'ammollo prolungato, per 24 ore o più, così come la cottura al vapore, permette di eliminare gli zuccheri presenti nelle leguminose, responsabili di disturbi come la flatulenza e il gonfiore.

I CEREALI

AVENA

GRANO

FARRO

MAIS

MIGLIO

Principale alimento nutrizionale per millenni, i cereali (il riso in Cina e India, il grano in Europa, il mais in America del Sud, la quinoa nelle Ande), sono lentamente scomparsi dalla nostra tavola. All'inizio del XX secolo se ne consumavano ogni giorno fino a 500 g, oltre a 600 g di pane integrale, attualmente se ne consumamo solo 150 g, e lo stesso vale per i cereali sotto forma di semi, interi o spezzati. Le granaglie hanno molte qualità:

- costo modico;
- facilità e velocità di preparazione;
- lunga conservazione (in luogo aerato e secco);
- sapore delizioso;
- elevate proprietà nutrizionali: sono ricchi di proteine (dall'8 al 17%), minerali (calcio, magnesio, ferro, fosforo...), vitamine (B, E...), fibre, indispensabili per un buon transito intestinale, ed enzimi (a condizione di sceglierli integrali).

Esistono numerose varietà di cereali; in questo libro citeremo quelli più diffusi, come l'avena, il grano, il farro, il mais, il miglio, l'orzo, il riso, il grano saraceno, la segale, la quinoa, che verranno proposti in differenti forme: farina, semi interi o spezzati, fiocchi e muesli, macinati...

In pratica: i cereali, accompagnati da verdure crude o cotte, leguminose (l'associazione cereali-leguminose aumenta il valore proteico), formaggio o uova, danno vita a pasti saporiti, equilibrati e sani.

La cottura più utilizzata è quella in acqua (da due volte e mezza a tre volte il loro volume in acqua). Per i cereali a cottura rapida, come il bulgur, il cuscus, il miglio, la cottura a vapore lascerà i grani sodi e ben staccati.

ORZO

GRANO SARACENO

SEGALE

QUINOA

Più masticherete i cereali meglio li digerirete... La loro digestione comincia in bocca, sotto l'azione di un enzima: la ptialina.

COMPOSIZIONE DEI CEREALI

per 100 g	PROTEINE	FIBRE	CALORIE
AVENA	13 g	8 g	380 kcal
FARRO	11 g	9 g	370 kcal
GRANO	12 g	10,5 g	330 kcal
KAMUT (cereale antico)	17 g	9 g	335 kcal
MAIS	9,5 g	11 g	300 kcal
MIGLIO	11 g	9 g	350 kcal
ORZO	11 g	8 g	325 kcal
RISO	8 g	4 g	350 kcal
SEGALE	11 g	9 g	330 kcal

Scegliete preferibilmente cereali integrali, non raffinati, per sfruttarne tutte le qualità nutrizionali e la ricchezza di fibre (quasi assenti nei cereali raffinati).

Per accelerare la cottura di cereali come il grano, il farro, l'orzo, metteteli a bagno la sera prima.

Prima di cuocere i cereali lavateli rapidamente sotto l'acqua corrente per eliminare lo sporco e le impurità.

In estate, fate attenzione alla conservazione dei cereali: tarme e coleotteri rischiano di invaderli... Non fate grosse scorte in questo periodo e teneteli in frigorifero, in contenitori di vetro.

Per insaporire i cereali aggiungete all'acqua di cottura erbe fresche, spezie, aromi, uno spicchio di aglio, una cipolla o un dado vegetale.

LE ALGHE

Molte diffuse in Estremo Oriente, in particolare in Giappone, le alghe sono raramente introdotte nella cucina occidentale, dove sono utilizzate soprattutto come decorazione. Da qualche anno a questa parte, però, le alghe hanno cominciato a essere sempre più presenti nei piatti dei grandi chef e nelle ricette proposte dalle riviste specializzate in alimentazione e benessere, e sta diventando sempre più facile reperirne di numerose varietà.
Il valore nutrizionale delle alghe è molto elevato. In particolare contengono elevati quantitativi di minerali e vitamine: calcio, rame, ferro, iodio, magnesio, potassio, fosforo, vitamine A, B1, B2, B3, B6, B12, C...

Il contenuto di proteine delle alghe varia da 7 a 36 g/100 g:
- nori: da 29 a 36 g/100 g;
- lattuga di mare: 24 g/100 g;
- iziki: 13 g/100 g;
- wakame: 13 g/100 g;
- arame: 8 g/100 g;
- kombu: 7 g /100 g.

In pratica: troverete principalmente le alghe in sacchetti, essiccate, qualche volta fresche. In quest'ultimo caso bisognerà sciacquarle sotto l'acqua corrente, poi lasciarle una decina di minuti in acqua fredda per dissalarle e per reidratarle. Fate attenzione a eliminare per bene le piccole conchiglie e i granelli di sabbia. Quindi, fatele rinvenire in un po' di olio e/o cuocetele in acqua o brodo per 10-40 minuti, seguendo il metodo di cottura specifico per ogni tipo di alga. Aggiungetene una piccola quantità in zuppe, vellutate, piatti a base di cereali e legumi cotti, per aumentarne il valore nutritivo.

LA FRUTTA SECCA

La frutta secca, che va consumata in piccole dosi, è un nutrimento energetico estremamente concentrato. Fornisce anche eccellenti oli vegetali, a condizione che la spremitura avvenga a freddo (olio di mandorla dolce, di nocciole, di noci, di arachidi ...)
Fin dall'antichità e così anche nel Medioevo, la frutta secca è stata usata come ingrediente nei dolci e nelle preparazioni medicinali.

Tra le più conosciute, possiamo citare la mandorla, la nocciola, la noce, gli anacardi, la noce di cocco, l'arachide, i pinoli, il pistacchio, la noce di Macadamia... che hanno in comune un gran numero di proprietà e si differenziano solo per gli apporti calorici.
La frutta secca costituisce un alimento genuino, mineralizzante, con un alto potere energetico e nutritivo.
Ricca di proteine (dall'8 al 22%), di vitamine (A, B, C, P...), di minerali (dal 45 al 76%) e di calorie (600 per 100 g in media), dovrebbe essere consumata con moderazione e inserita quotidianamente nei nostri menu, per sfruttare al massimo i suoi benefici.

COMPOSIZIONE DELLA FRUTTA SECCA

per 100 g	PROTEINE	FIBRE	CALORIE
ARACHIDE	26 g	7,5 g	545 kcal
MANDORLE	19 g	14 g	630 kcal
NOCE	15 g	5,2 g	680 kcal
NOCCIOLA	17 g	9 g	650 kcal
NOCE DI COCCO SECCA	8 g	24 g	600 kcal
PINOLI	13 g	10 g	670 kcal

In pratica: utilizzate la frutta secca intera, tritata o semplicemente spezzettata, per preparare dolci, spuntini e torte, ma anche mescolata nei piatti a base di cereali (per preparare riso pilaf all'indiana) o di verdure e nelle insalate.

Esistono in commercio (o si possono preparare) anche purè e confetture di frutta secca, da spalmare sul pane o da diluire in acqua, per ottenere un saporito latte vegetale, molto più digeribile di quello di mucca. Il latte di mandorla, di nocciole o di arachidi può essere utilizzato anche per preparare besciamella, crema inglese, crema pasticciera, flan, clafoutis, torte ecc.

Per facilitare la digestione masticate a lungo la frutta secca.

IL LIEVITO ALIMENTARE

Non è un vero alimento, ma un complemento che, aggiunto in piccole dosi alla nostra alimentazione quotidiana, permette di sopperire a certe carenze e di apportare all'organismo elementi indispensabili come:
- proteine (45 g/100 g);
- glucidi (tra i quali il glicogeno, zucchero utile per il diabete);
- lipidi (tra i quali l'ergosterolo, che fornisce vitamina D);
- sali minerali (magnesio, fosforo, ferro, silicio, potassio…);
- numerose vitamine (B1, B2, B6, B8, B12, PP, D ed E).

Per le sue numerose proprietà, il lievito permette, tra le altre cose, di regolare la flora intestinale, di remineralizzare l'organismo e di riequilibrare il sistema nervoso.

Si distinguono tre tipi di lievito, anche se le composizioni sono praticamente identiche: il lievito di birra (fermentazione di un composto di malto e di luppolo), il lievito di melassa e il lievito di malto, dal sapore delizioso, che è un lievito dolce al quale è stato aggiunto del malto (che favorisce la digestione dei cereali).

In pratica: il lievito alimentare si utilizza principalmente per insaporire insalate, verdure crude, ortaggi o cereali; 1 o 2 cucchiaini per persona a pasto saranno sufficienti.

È preferibile non cuocere il lievito, per non perdere una parte importante dei suoi elementi nutritivi. Il lievito può essere inserito in svariate preparazioni, come le paste vegetali o le torte, delle quali aumenta il valore proteico e migliora la consistenza. Le proteine non scompariranno con la cottura.

I GERMOGLI

I germogli sono alimenti vivi dal potenziale vitale ed energetico intatto, non modificato dalla cottura o da altra manipolazione. Sono utili perché aumentano le nostre difese immunitarie e rigenerano le nostre cellule.
Durante la germogliazione si risvegliano numerosi principi vitali che permettono una migliore assimilazione delle granaglie. Alcuni terapeuti utilizzano i germogli per trattare con successo pazienti anche gravemente malati.
La germogliazione permette:
– l'aumento del tasso di proteine, glucidi, acidi grassi insaturi e una loro migliore assimilazione;
– la predigestione delle proteine e un tasso proteico quantitativamente e qualitativamente superiore a quello dei prodotti animali;

COMPOSIZIONE DEI GERMOGLI

per 100 g	PROTEINE	FIBRE	CALORIE
ALFALFA (ERBA MEDICA) GERMOGLIATA	20 g	0,7 g	20 kcal
GERMOGLI DI SOIA (FAGIOLI MUNGO)	37 g	0,8 g	50 kcal
GRANO GERMOGLIATO	27 g	12 g	280 kcal

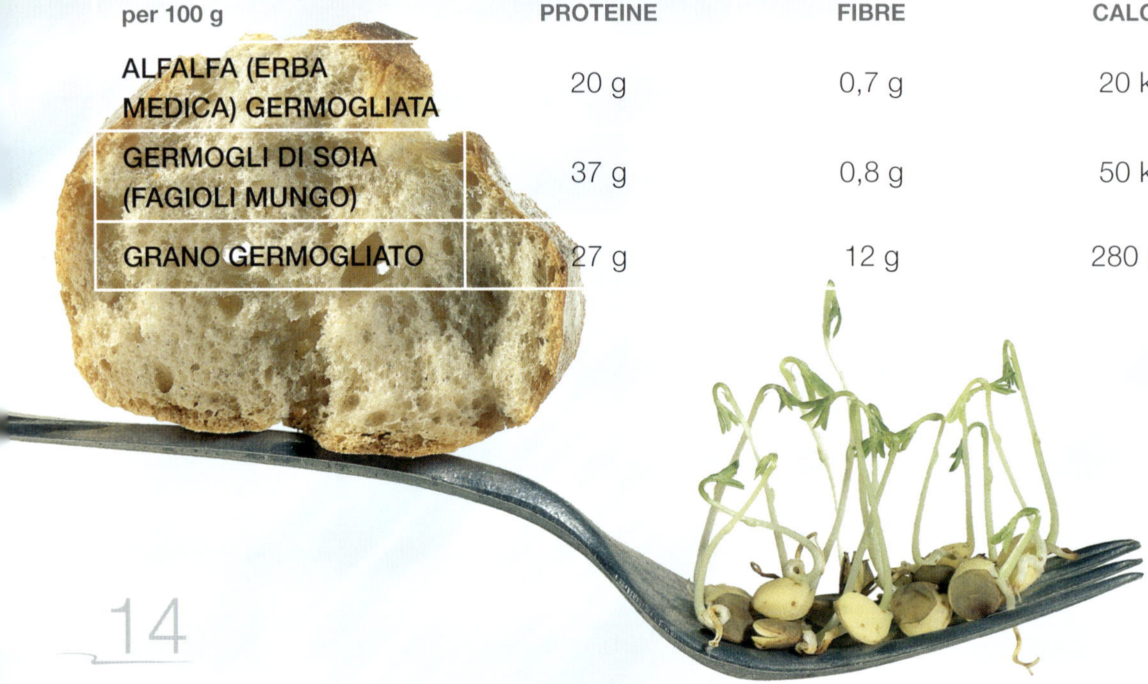

– la predigestione degli zuccheri, grazie alla trasformazione dell'amido in zuccheri semplici;
– il notevole aumento di vitamine e di sali minerali (la maggior parte di questi elementi raddoppiano e a volte addirittura triplicano);
– la dinamizzazione degli enzimi che favoriscono una migliore digestione e assimilazione di tutti i costituenti delle granaglie.

La germogliazione permette inoltre la scomparsa dei fattori antinutrizionali e rende commestibili i cereali e le leguminose crude.

Quali granaglie fare germogliare?
– Tutti i cereali, a condizione che siano integrali, con una preferenza per il grano e il farro, che germogliano facilmente e rapidamente e hanno valori nutrizionali notevoli;
– tutte le leguminose, eccetto la soia gialla, che è tossica;
– il crescione, il lino, la mostarda;
– le granaglie dell'orto: finocchio, prezzemolo, carota, cavolo, radicchio…

Non lasciare mai germogliare le solanacee come i pomodori, le melanzane, e nemmeno le piante che hanno foglie tossiche.

In pratica: è facile preparare i germogli. Mettere a bagno in acqua fresca le granaglie da 6 a 24 ore, a seconda della pianta. Sciacquarle rapidamente e metterle in un recipiente coperto con una garza; lasciatele scolare. Sciacquare le granaglie due o tre volte al giorno. Dopo due o tre giorni germoglieranno e potrete consumare i germogli crudi in insalata e con verdure crude.

Lasciate a bagno le granaglie a seconda della loro grandezza:
– da 6 a 10 ore per i più piccoli;
– 12 ore per i cereali;
– da 20 a 24 ore per le leguminose.

I FUNGHI

Definiti a torto come carne vegetale, i funghi contengono solo poche proteine (2% in media) e non sono quindi in grado di coprire la razione proteica quotidiana. L'unica eccezione è il tartufo, con il 9% di proteine... ma non possiamo certo mangiarlo tutti i giorni!

RUOLO DELLE PROTEINE E FABBISOGNO PROTEICO

Le proteine sono indispensabili al nostro organismo; sono presenti nella pelle, nei muscoli, nel fegato, nei reni, nel sangue (circa 80 g per litro), nei denti, negli enzimi, negli anticorpi ecc. Rivestono un'importante funzione di sostegno, assicurando la riparazione e il mantenimento delle strutture del corpo. Nel corso della digestione le proteine sono dissociate in acidi amminati, alcuni dei quali sono essenziali, che non potendo essere sintetizzati dal corpo, devono essere obbligatoriamente presenti nella nostra dieta. Dobbiamo dunque fare in modo che il nostro apporto proteico sia corretto dal punto di vista:

– qualitativo: dovrà apportare l'insieme degli acidi amminati di cui il nostro corpo ha bisogno. Numerose ricerche indicano l'associazione "cereali-leguminose" come la migliore associazione proteica;

– quantitativo: la razione proteica deve coprire i nostri bisogni senza intossicare l'organismo.

Negli adulti, le proteine permettono il rinnovo dei tessuti e la riparazione delle ferite. La razione dovrà essere aumentata per i bambini (come per le donne in gravidanza e in fase di allattamento), prendendo in considerazione i bisogni generazionali e della crescita. La razione è diversa per ogni caso, ma deve prevedere almeno 0,5 g per ogni chilo di peso. In caso di problemi digestivi e carenze, la razione giornaliera dovrà esere aumentata a 1 g per ogni chilo di peso (per esempio 60 g di proteine al giorno per un individuo adulto che pesa 60 kg e 3 g per ogni chilo di peso per un bambino). Quantità molto diverse da quelle consumate dagli amanti della carne, che assumono in media 3 g e oltre di proteine per ogni chilo di peso. Un'alimentazione così poco equilibrata porta all'insorgere di diversi tipi di problemi, legati normalmente all'eccessiva produzione di acido urico (gotta, reumatismi ecc.)

PROTEINE VEGETALI O PROTEINE ANIMALI

Per abitudine o per mancanza di conoscenza consumiamo troppe proteine di origine animale (carne, pesce, uova, formaggio, latte), anche se gli alimenti vegetali come le leguminose, la frutta secca, i germogli, hanno valori proteici superiori a quelli della carne. Tutte le proteine, siano esse vegetali o animali, sono dissociate, nel corso della digestione, in acidi amminati, che serviranno poi all'elaborazione di nuove proteine specificatamente umane. Questo processo si accompagna alla produzione di "veleni" e di prodotti di disassimilazione, come ad esempio l'urea (poco tossica), l'acido urico e l'ammoniaca, (molto nocivi per il fegato e i reni). Il consumo di proteine deve non superare il nostro fabbisogno quotidiano, ma soprattutto non deve essere concepito come una fonte di energia, funzione svolta interamente dai grassi e dagli zuccheri. Solo assumendo proteine nella giusta quantità il fegato potrà eliminare senza problemi i "veleni" prodotti. I prodotti animali racchiudono anche altri "veleni", come le tossine delle malattie microbiche veicolate dalla carne, le ptomaine (alcaloidi tossici prodotti dall'animale in stato di fatica e di stress) e il colesterolo. Così, mentre le lenticchie contengono lo 0,07% di purine calcolate in percentuale di acido urico, la bistecca ne contiene lo 0,21% e l'animella di vitello l'1,10%. È bene mettere l'organismo "a riposo" di tanto in tanto, abituandolo a consumare proteine vegetali; l'eccesso di proteine animali è la causa di molte delle malattie odierne.

LE FIBRE ALIMENTARI

Le fibre costituiscono la parete cellulare dei vegetali. Poco o per nulla assimilabili, sono state a lungo considerate inutili dai medici. Si è andata così consolidando un'alimentazione totalmente raffinata, che privilegia l'aspetto esteriore degli alimenti rispetto alle qualità nutrizionali. In realtà le fibre svolgono un compito essenziale per il funzionamento intestinale. Una volta uscito dallo stomaco, il bolo alimentare penetra nell'intestino, dove le fibre si gonfiano d'acqua, assicurando alla massa intestinale residua la sua fluidità. Il transito intestinale, favorito dalla formazione di una "zavorra intestinale", facilita l'insediamento di una flora intestinale utile per l'assimilazione degli alimenti ingeriti. È perciò importante accertarsi che la razione alimentare quotidiana sia ricca di fibre, contenute nella frutta, nella verdura, nei cereali e nelle leguminose.

È importante scegliere per le nostre ricette ingredienti di qualità: verdura e frutta fresca e matura al punto giusto, cereali integrali, olio di prima spremitura a freddo, uova di fattoria, latticini, zucchero e sale non raffinati, il tutto, se possibile, da agricoltura biologica. Da evitare assolutamente sono invece i prodotti contenenti OGM, gli organismi geneticamente modificati.

Zuppa fredda allo yogurt

Fibre: 2,3 g per persona
Proteine: 13 g per persona

Per 4 persone
Preparazione: 10 min.

1 ciotola di alfalfa germogliata per 3 o 4 giorni
2 scalogni tagliati finemente
1 cetriolo a dadini
1 cuore di lattuga tagliata a listarelle
1 cucchiaio di semi di crescione germogliati
1 cucchiaio di tamari
2 cucchiai di semi di sesamo germogliati da un giorno
4 vasetti di yogurt bianco (vaccino o di soia).

Disporre tutti gli ingredienti in piccole ciotole. Lasciare che ogni commensale si serva e componga il proprio piatto a piacere. Ricoprire con lo yogurt.

Si possono aggiungere altri ingredienti a questa zuppa, ideali per una serata estiva: olive nere o verdi, semi germogliati, verdure tritate finemente, erbe fresche, piccoli crostini…

Zuppa corsa alle castagne

Fibre: 5,5 g per persona
Proteine: 11 g per persona

Per 4 persone
Preparazione: 20 min.
Cottura: 1 ora

1 kg di castagne
1 cipolla
2 carote
1 grossa patata
1 mazzetto di odori (timo, alloro e prezzemolo in uguale misura)
1 cucchiaio di farina di mandorle
Sale e pepe

Cuocere le castagne per 5 minuti in acqua bollente, poi sbucciarle. Nel frattempo sbucciare, lavare e tagliare finemente le verdure. Mettere in una pentola le castagne, le verdure, gli odori e portare a ebollizione, poi abbassare il fuoco e lasciare sobbollire per 45 minuti.
Passare la zuppa con il passaverdura e aggiungere l'acqua necessaria. Salare, pepare e aggiungere la farina di mandorle.

Pâté vegetale ai funghi

Fibre: 3,3 g per persona
Proteine: 10,5 g per persona

Per 6 persone
Preparazione: 10 min.
Cottura: 1 ora e 40 min.

300 di cipolle
200 g di funghi
80 g di olive nere denocciolate
200 g di tofu
250 g di pane integrale
Latte di soia
2 cucchiai di olio
100 g di farina integrale
3 cucchiai di semi di girasole
5 cucchiai di lievito di malto
1 cucchiaino di timo sminuzzato
Qualche fogliolina di prezzemolo
Sale e pepe

Sbucciare le verdure, tagliare finemente le cipolle e i funghi, tagliare le olive a dadini e tritare il tofu.
Togliere la crosta del pane, ridurlo a cubetti e metterlo a bagno nel latte di soia.
Soffriggere nell'olio le cipolle e i funghi per qualche minuto.
Aggiungere il pane scolato e strizzato, il tofu, la farina, le olive, i semi di girasole, il lievito, il timo, il prezzemolo tritato.
Mescolare bene il tutto. Salare, pepare e versare in uno stampo da plumcake unto con un po' di olio. Cuocere in forno medio, a 180 °C per 1 ora e 30 minuti.
Lasciare raffreddare e tagliare a fette.

Terrina vegetale ai capperi

Mondare le zucchine e grattugiarle grossolanamente.
Cuocerle al vapore per 5 minuti.
Nel frattempo, mettere a bagno i fiocchi d'avena in una quantità d'acqua pari al loro volume aggiungendo anche la salsa di soia (tamari). Incorporare le zucchine, il tofu sbriciolato, il basilico, l'aglio, la cipolla tritata, i capperi, l'olio e mescolare bene.
Assaggiare, quindi salare e pepare.
Versare in uno stampo da plumcake oleato e cuocere in forno medio, a 180 °C, per 1 ora.
Lasciare raffreddare, sformare e tagliare a fette.

Fibre: 1,5 g per persona
Proteine: 8,5 g per persona

Per 6 persone
Preparazione: 10 min.
Cottura: 1 ora e 10 min.

400 g di zucchine
150 g di fiocchi d'avena
2 cucchiai di tamari
200 g di tofu sbriciolato
2 cucchiai di basilico fresco
4 spicchi d'aglio
1 cipolla
Una manciata di capperi
1 cucchiaio di olio d'oliva

Fibre: 2,8 g per persona
Proteine: 7,3 g per persona

Humus

Per 4 persone
Ammollo: 1 notte
Preparazione: 15 min.
Cottura: 1 ora e 30 min.

150 g di ceci
2 cucchiaini di purea di sesamo (thaina)
3 cucchiai di succo di limone
2 cucchiai di olio d'oliva
3 spicchi d'aglio
Peperoncino
1/2 cucchiaino di cumino
5 o 6 rametti di prezzemolo
Sale

Mettere a bagno i ceci per tutta la notte.
Il giorno dopo, cuocerli in abbondante acqua bollente e, una volta cotti, frullarli con 1/2 bicchiere di acqua di cottura, la purea di sesamo, il succo di limone, l'olio d'oliva, fino a ottenere una pasta omogenea. Aggiungere acqua a seconda della consistenza desiderata.
Incorporare l'aglio tritato, il peperoncino, il cumino e un po' di prezzemolo tritato. Salare.
Servire l'humus accompagnato da verdure crude.

Potete prepararne in grande quantità, conservarlo per qualche giorno in frigorifero, e utilizzarlo per realizzare delle deliziose polpette (vedi pag. 27).

Crêpes ai fiocchi

Fibre: 5,8 g per persona
Proteine: 17,8 g per persona

Per 6 persone
Preparazione: 15 min.
Riposo: 1 ora
Cottura: 20 min.

1 porro
1 carota
1 scalogno
250 g di fiocchi di orzo, grano o avena
1 l di latte di soia
6 uova
Un pizzico di lievito chimico
5 o 6 rametti di prezzemolo
Sale non raffinato

Sbucciare le verdure, lavarle e tagliarle a bastoncini.
In una ciotola capiente mescolare vigorosamente i fiocchi, il latte, le uova sbattute, le verdure tagliate, il lievito e il prezzemolo tritato.
Lasciare riposare almeno per 1 ora.
Cuocere ogni crêpe in una padella antiaderente oleata in precedenza.

Servire accompagnato da un'insalata abbondante.

Fibre: 14 g per persona
Proteine: 15 g per persona

Per 4 persone
Ammollo: 1 notte
Preparazione: 10 min.
Cottura: 1 ora e 10 min.

200 g di fagioli azuki (piccoli fagioli rossi)
1 dado di soia o vegetale
1 cipolla
70 g di noci sgusciate
3 o 4 cucchiai di pangrattato
1 uovo
1 cucchiaino di timo in polvere
2 cucchiaini di tamari

Polpettine alle noci e avena

Mettere gli azuki a bagno la notte prima.
Il giorno dopo, scolarli e cuocerli per 1 ora in acqua o in brodo bollente.
Sbucciare la cipolla, tagliarla finemente e tritare le noci.
Una volta che gli azuki sono pronti, schiacciarli grossolanamente e mescolarli con la cipolla, le noci, il pangrattato, l'uovo, il timo e il tamari.
Formare delle piccole polpette e friggerle rapidamente in olio ben caldo.

Fibre: 1,8 g per persona
Proteine: 11 g per persona

Per 4 persone
Preparazione: 10 min.
Cottura: 20 min.

2 cipolle tritate
2 cucchiai di olio d'oliva
200 g di fiocchi a scelta
2 cucchiai di farina
4 cucchiai di latte di soia
2 uova
1 cucchiaino di erbe di Provenza
Pangrattato
Sale, pepe

Polpette di fiocchi

Tritare le cipolle e farle rinvenire nell'olio d'oliva.
Mescolare i fiocchi con la farina, il latte, le uova e le erbe di Provenza. Salare e pepare.
Formare delle piccole polpette, passarle nell'uovo sbattuto, poi nel pangrattato. Dorarle in un tegame per qualche minuto da entrambe le parti.

Polpette di lenticchie

Fibre: 3,8 g per persona
Proteine: 15,8 g per persona

Per 4 persone
Preparazione: 20 min.
Cottura: 1 ora e 10 min.

200 g di lenticchie verdi
Olio d'oliva
1 piccola cipolla
1 finocchio
1 gambo di sedano
60 g di noci
2 cucchiai di salsa di soia
1 cucchiaio di cerfoglio tritato
2 cucchiai di pangrattato
Sale, pepe

Cuocere le lenticchie in acqua bollente o al vapore. Nel frattempo, sminuzzare le verdure e soffriggerle per 5 minuti in un tegame con un po' di olio, la cipolla, il finocchio e il sedano.
Una volta che le lenticchie saranno cotte, schiacciarle grossolanamente con la forchetta o frullarle con il mixer. Aggiungere le verdure, le noci tritate, la salsa di soia, il cerfoglio tritato, il tamari e il pangrattato. Salare e pepare. Se la preparazione risulta troppo asciutta, aggiungere un po' di latte o brodo, se è troppo liquida un po' di pangrattato. Formare delle polpette e cuocerle in un tegame con l'olio d'oliva, qualche minuto per parte.

Polpette di seitan

Fibre: 1,6 g per persona
Proteine: 17,5 g per persona

Per 4 persone
Preparazione: 15 min.
Cottura: 10 min.

250 g di seitan
2 cipolle
2 spicchi d'aglio
3 cucchiai di farina
Prezzemolo
Pangrattato
Olio per la cottura
Sale

Tritare il seitan nel mixer con le cipolle e l'aglio. Mescolarlo con la farina, il sale e il prezzemolo.
Formare delle polpette, appiattirle con il palmo della mano e passarle nel pangrattato.
Cuocere le polpette nell'olio caldo per qualche minuto.

Crocchette di seitan

Fibre: 3,1 g per persona
Proteine: 26,8 g per persona

Per 4 persone
Preparazione: 10 min.
Cottura: 10 min.

Pastella per friggere:
125 g di farina
2 uova
20 cl di latte di soia
Prezzemolo tritato
Un pizzico di zenzero
Sale

250 g di seitan tagliato a cubetti

Preparare la pastella mescolando bene tutti gli ingredienti.
Bagnare i cubetti di seitan, poi friggerli in abbondante olio caldo. Cuocere finché saranno ben dorati.

Polpette di humus

Tagliare finemente le verdure, tritare i pomodori e incorporare tutto all'humus.
Aggiungere l'uovo e il pangrattato fino a ottenere una pasta piuttosto dura, salare e pepare leggermente e mescolare bene il composto.
Formare con le mani 4 polpette e cuocerle in un tegame, su ogni lato, in un po' di olio.

Servire con un grande piatto di insalata verde.

Fibre: 4,8 g per persona
Proteine: 10 g per persona

Per 4 persone
Preparazione: 10 min.
Cottura: 10 min.

1 peperone rosso
1 peperone verde
2 scalogni
2 pomodori
1 ciotola di humus
(vedi pag. 22)
1 uovo
Pangrattato
2 cucchiai di olio d'oliva
Sale e pepe

Fibre: 2 g per persona
Proteine: 14,7 g per persona

Per 6 persone
Preparazione: 15 min.
Cottura: 40 min.

1 grossa cipolla
250 g di tofu affumicato
250 g di pasta brisée
2 cucchiai di olio
2 cucchiai di salsa di soia
3 uova
Noce moscata
20 cl di crème fraîche
Sale

Quiche lorraine con tofu affumicato

Sbucciare e tagliare finemente la cipolla e tagliare il tofu affumicato a dadini.
Rivestire uno stampo per crostate con la pasta brisée.
Soffriggere per 5 minuti il tofu affumicato e la cipolla nell'olio con la salsa di soia. Lasciare intiepidire e disporre il tutto sul fondo della tortiera.
Sbattere le uova, poi aggiungere la noce moscata e la crème fraîche. Salare e versare nella tortiera.
Cuocere per 35 minuti in forno caldo a 200 °C.

Tofu in conchiglie

Sbucciare e tagliare finemente le verdure, sminuzzare il tofu, grattugiare il formaggio.
Soffriggere nell'olio gli scalogni, il porro e le carote. Aggiungere il tofu e lasciare dorare per 5 minuti.
Mescolare le verdure con la besciamella, il gruviera, le mandorle, l'erba cipollina e il sale e riempire delle grosse conchiglie o dei tegamini di porcellana. Cospargere con i semi di sesamo e il pangrattato. Gratinare per 10 minuti in forno caldo a 220 °C.

Fibre: 3 g per persona
Proteine: 18,5 g per persona

Per 4 persone
Preparazione: 15 min.
Cottura: 25 min.

3 scalogni
1 porro tagliato finemente
1 carota
200 g di tofu, di tofu affumicato o di seitan
120 g di gruviera
2 cucchiai di olio d'oliva
25 cl di besciamella densa
Una quindicina di mandorle tritate grossolanamente
Erba cipollina
2 cucchiai di semi di sesamo
Pangrattato
Sale

Spiedini vegetali alle verdure

Fibre: 2,8 g per persona
Proteine: 16,2 g per persona

Per 6 persone
Preparazione: 20 min.
Macerazione: da 2 a 3 ore
Cottura: 10 min.

2 cucchiai di salsa di soia
Il succo di 1 limone
Un pizzico di zenzero
3 spicchi d'aglio
Erbe fresche tritate
250 g di seitan
250 g di tofu
Cipolline
Cubetti di zucchine
Rondelle di carote
Piccoli champignon
Piccole cimette di cavolfiore
Lamelle di peperoni
Pomodorini ciliegia
Olio d'oliva
Erbe di Provenza

Preparare la marinata e mescolare la salsa di soia, il succo di limone, lo zenzero, l'aglio, le erbe fresche e 15 cl di acqua. Tagliare il seitan e il tofu a cubetti e metterli a macerare nella salsa per 2 o 3 ore.
Infilare su spiedini di legno alternandoli un pezzo di seitan, 2 o 3 verdure, un pezzo di tofu, delle verdure… Spennellare gli spiedini con l'olio e cospargerli con erbe di Provenza. Cuocere nel forno, sotto il grill, o, ancora meglio, sul barbecue, all'aperto.

Variante: una volta composti, tuffare gli spiedini in una pastella e cuocerli nella friggitrice.

Fibre: 1,6 g per persona
Proteine: 5,8 g per persona

Per 6 persone
Preparazione: 15 min.
Cottura: 15 min.

Scaloppine vegetali

250 g di grano
1 zucchina o 2 cuori di carciofo
2 pomodori
2 scalogni
Erbe fresche a scelta: prezzemolo, erba cipollina…
80 g di olive nere
1 cucchiaio di olio d'oliva
Olio per la cottura
Sale

Macinare il grano molto finemente all'ultimo momento (con un macinacaffè o un macinino per cereali).
Tagliare finemente la zucchina (o i cuori di carciofo) e i pomodori, sminuzzare gli scalogni, tritare le erbe e tagliare le olive a dadini.
Aggiungere al grano macinato le verdure, le olive, l'olio, le erbe e il sale. Se il composto risultasse troppo denso, diluirlo con un po' di acqua per renderlo abbastanza compatto (deve avere la consistenza di una pastella per crêpes).
Realizzare le scaloppine e cuocerle in olio molto caldo.

Melanzane farcite alla provenzale

Fibre: 2,7 g per persona
Proteine: 10,8 g per persona

Per 6 persone
Preparazione: 20 min.
Cottura: 1 ora e 30 min.

250 g di champignon
3 cipolle tagliate finemente
5 pomodori pelati
6 grosse melanzane
5 spicchi d'aglio
4 cucchiai di olio d'oliva
150 g di seitan
2 uova
Qualche fogliolina di prezzemolo
Sale non raffinato

Sbucciare e tagliare finemente gli champignon e le cipolle. Tagliare i pomodori a dadini e le melanzane in due, nel senso della lunghezza. Tritare l'aglio.
Togliere la polpa delle melanzane aiutandosi con un cucchiaio e unirla agli champignon, poi soffriggere la cipolla nell'olio per qualche minuto.
Tritare il seitan e aggiungerlo alla preparazione precedente con i pomodori, le melanzane e gli champignon, salare, coprire e sobbollire a fuoco basso per 45 minuti.
Incorporare le uova, l'aglio e il prezzemolo precedentemente tritati. Riempire con questo composto le melanzane svuotate e passare in forno caldo a 200 °C per 35 minuti.

Farcia per verdure

Fibre: 2,5 g per persona
Proteine: 10 g per persona

Per 4 persone
Preparazione: 10 min.
Cottura: 1 ora

Una manciata di prezzemolo e cerfoglio
150 g di tofu, tofu affumicato o seitan
2 cucchiai di capperi
1 cucchiaino di erbe di Provenza in polvere
100 g di pangrattato
1 uovo
2 cucchiai di latte di soia
Sale e pepe

Tritare le erbe, sbriciolare il tofu, tritare il seitan e i capperi. Mescolare tutti gli ingredienti e farcire delle verdure a scelta: pomodori, zucchine, cipolle, melanzane, peperoni ecc. Cuocere per 1 ora in forno caldo a 200 °C.

Le proteine strutturate

In commercio si trovano disidratate e confezionate in sacchetti, tagliate finemente o in polpette (di differenti misure), che potrete reidratare cuocendole da 5 a 30 minuti (rispettate le indicazioni riportate sulla confezione) in acqua bollente. Potrete poi cucinarle a piacere con preparazioni a base di curry, farce, sughi e piatti gratinati. La loro fabbricazione industriale, con il passaggio ad alte temperature e l'utilizzo di prodotti chimici, e anche la loro grande ricchezza di proteine, rende preferibile usare questi prodotti con moderazione, sostituendoli piuttosto con derivati del tofu, del tempeh e del seitan.

per 100 g	**PROTEINE**	**GLUCIDI**	**LIPIDI**	**CALORIE**
PROTEINE STRUTTURATE	53 g	32 g	1 g	120 kcal

Fibre: 2 g per persona
Proteine: 18,5 g per persona

Per 6 persone
Preparazione: 15 min.
Cottura: 1 ora

- 1,2 kg di patate
- 2 cipolle tagliate finemente
- 3 cucchiai di olio d'oliva
- 3 pomodori pelati
- 110 g di proteine strutturate tagliate finemente
- 2 cucchiai di salsa di pomodoro
- 3 spicchi d'aglio
- 1 cucchiaino di erbe di Provenza
- 1 bicchiere di latte di soia
- Noce moscata grattugiata
- Qualche fogliolina di prezzemolo
- 100 g di fontina grattugiata
- Sale e pepe

Pasticcio con purè

Tagliare le patate a dadini e cuocerle nell'acqua bollente o al vapore.
Tagliare finemente la cipolla e soffriggerla nell'olio d'oliva per 5-10 minuti.
Incorporare i pomodori tritati, le proteine, la salsa di pomodoro, l'aglio e le erbe di Provenza. Aggiungere 2 tazze e mezzo di acqua, salare, pepare e portare a ebollizione, poi abbassare il fuoco e cuocere dolcemente per 15-20 minuti.
Una volta che le patate saranno cotte, preparare il purè con il latte. Salare e pepare.
In una teglia da forno, versare metà del purè e ricoprirlo con il composto di proteine alle quali avrete aggiunto il prezzemolo tritato. Versarvi sopra il resto del purè, cospargere con la fontina grattugiata e passare in forno caldo a 200 °C per una decina di minuti.

Miglio arrosto

Fibre: 5,1 g per persona
Proteine: 10,3 g per persona

Per 6 persone
Preparazione: 10 min.
Cottura: 1 ora

2 bicchieri di miglio cotto
200 g di funghi
1 cipolla
2 cucchiai di olio di semi di sesamo
Prezzemolo
1 spicchio d'aglio
Una punta di salvia in polvere
2 cucchiai di lievito di malto
1 cucchiaio di semi di sesamo
100 g di fontina grattugiata
Sale

Rinvenire con un po' d'olio in un tegame i funghi e la cipolla, poi mescolarli agli altri ingredienti.
Versare il tutto in uno stampo da plumcake oleato e cuocere in forno caldo per 45 minuti.

Coprire con salsa di pomodoro profumata al basilico.

Cassoulet vegetariano

Fibre: 11,5 g per persona
Proteine: 12,8 g per persona

Per 4 persone
Ammollo: 1 notte
Preparazione: 10 min.
Cottura: 1 ora e 10 min.

150 g di fagioli bianchi
3 pomodori
4 carote
2 cipolle
1 gambo di sedano
2 cucchiai di olio
2 salsicce di soia
2 foglie di alloro
Erbe di Provenza
Sale

Mettere i fagioli a bagno per una notte.
Il giorno dopo cuocerli al vapore o in acqua per 1 ora circa.
Nel frattempo, sbucciare le verdure, tagliare i pomodori a dadini e le carote a rondelle, sminuzzare le cipolle e il sedano. Stufare le verdure in un po' di olio per circa 40 minuti, incorporare poi i fagioli cotti, le salsicce di soia tagliate a fettine, l'alloro, le erbe e coprire con acqua o brodo di verdure. Salare. Lasciare sobbollire a fuoco lento per 10 minuti.

Nota
Il cassoulet è un piatto tipico di Tolosa e del Sudovest della Francia, molto sostanzioso, a base di fagioli bianchi, maiale o oca.

Paella vegetariana

Fibre: 3 g per persona
Proteine: 6 g per persona

Per 6 persone
Preparazione: 15 min.
Cottura: 1 ora

10 cucchiai di riso integrale
250 g di champignon
2 peperoni rossi
350 g di piselli
250 g di carotine
200 g di fagiolini
500 g di pomodori pelati
10 cipolline novelle
1 spicchio di aglio
Zafferano
100 g di olive nere
3 cucchiai di olio d'oliva
Qualche fogliolina di prezzemolo
Sale

Cuocere il riso per 25 minuti in acqua bollente salata.
Tagliare il fondo del gambo dei funghi, lavarli e tagliarli finemente, tagliare i peperoni a listerelle e sgranare i piselli, raschiare le carote, lavarle e tagliarle a dadini, togliere il filamento dei fagiolini e tagliarli in due.
Mettere in successione, in una pentola, i pomodori, le cipolline, l'aglio, i fagiolini, le carote, i piselli, i peperoni, le olive, i funghi, il riso e una punta di zafferano. Cuocere a fuoco dolce per 30 minuti.
Al momento di servire, aggiungere l'olio d'oliva, salare e cospargere con il prezzemolo.
Servire molto caldo.

Una proteina poco conosciuta: il seitan

Il seitan, che gli americani chiamano anche "carne vegetale", si ottiene a partire dalla farina di grano, separando sotto l'acqua fredda, con un lungo procedimento, i differenti ingredienti: amido e crusca da un lato, glutine dall'altro. È il glutine che, dopo una cottura in acqua bollente, dà vita al seitan.
Il seitan ha numerose proprietà: è molto ricco di proteine (24%), facile da digerire, povero di calorie (110 kcal per 100 g) e non contiene, al contrario della carne, né purine, né colesterolo, né grassi.

per 100 g	PROTEINE	GLUCIDI	LIPIDI	FIBRE	CALORIE
SEITAN	25 g	3,8 g	0,30 g	1,5 g	110 kcal

In pratica: di consistenza ferma e spugnosa e di colore marrone chiaro, il seitan ricorda sotto diversi aspetti la carne, di cui può essere un valido sostituto.
È ottimo cucinato nelle ricette tradizionali e nelle ricette agrodolci.
Il seitan si può usare:
– tagliato a fette, in dadini grossi o piccoli;
– tritato finemente nei piatti arricchiti da salse, in frittelle, spiedini, paste asciutte vegetariane, oppure fritto in padella, accompagnato con verdure, gratinato, in polpette vegetali ecc.

Potete prepararlo da soli (ma il procedimento è un po' complesso), o acquistarlo nei negozi di prodotti naturali:
– al naturale: in fette confezionate sottovuoto (come il tofu), da conservare in frigorifero o in contenitori sterilizzati (a volte anche fresco);
– in piatti pronti: crocchette e pasta vegetali, salsa alla bolognese, spiedini ecc.

Cucinatelo anche seguendo le ricette che vi proponiamo.

Seitan impanato

Tagliare il seitan a fette (4 o 6 a seconda dello spessore desiderato). Passare ogni fetta nell'albume, poi nel pangrattato. Disporle nell'olio caldo e cuocere per qualche minuto su ogni lato.

Servire caldo, accompagnato da verdure cotte al vapore.

Fibre: 1,5 g per persona
Proteine: 20,5 g per persona

Per 4 persone
Preparazione: 5 min.
Cottura: 10 min.

250 g di seitan
2 albumi
Pangrattato o biscotti integrali sbriciolati
Olio per la cottura

Piccole fricassee di seitan con porri

Fibre: 2,5 g per persona
Proteine: 22 g per persona

Per 4 persone
Preparazione: 15 min.
Cottura: 40 min.

400 g di porri
5 scalogni
250 g di seitan
25 g di margarina
2 cucchiai di tamari
8 cl di vino bianco secco
1 foglia di alloro
1 cucchiaino di arrowroot
2 cucchiai di succo di limone
2 tuorli d'uovo
10 cl di crème fraîche
Qualche fogliolina di prezzemolo
Sale

Sbucciare i porri e gli scalogni, sminuzzarli e tagliare il seitan a dadini.
Soffriggere gli scalogni e i porri nella margarina per qualche minuto, mescolando. Aggiungere il tamari, 25 cl di acqua, il vino bianco, l'alloro, coprire e lasciare cuocere a fuoco basso per 20 minuti.
Diluire l'arrowroot in un po' di acqua fredda, versare il tutto nella pentola con il succo di limone e i dadini di seitan. Portare a ebollizione per 2 o 3 minuti, poi togliere dal fuoco. Versare i tuorli d'uovo sbattuti con la crème fraîche e mescolare vigorosamente.
Cospargere con il prezzemolo, salare a piacere e servire subito.

Nota
Arrowroot: polvere estratta dalla radice di una pianta sudamericana. È utilizzata per addensare salse dolci o a base di frutta. Si contraddistingue per il sapore dolciastro, ma può essere sostituita con la maizena o l'amido di mais.

Seitan al limone e peperoni

Sbucciare tutte le verdure, tagliare i peperoni a listarelle, tagliare finemente i funghi.
Tagliare a dadini il seitan e soffriggerlo nell'olio per 5 minuti.
Aggiungere i peperoni, i funghi e la scorza del limone, cuocere per 2 minuti senza smettere di mescolare, poi aggiungere il brodo di verdure e incorporare anche il succo di limone, la salsa di soia (tamari), l'aceto e lo zucchero. Pepare. Salare se necessario e lasciare cuocere a fuoco basso per 30 minuti.

Fibre: 2 g per persona
Proteine: 18 g per persona

Per 4 persone
Preparazione: 10 min.
Cottura: 40 min.

1 peperone verde
1 peperone rosso
4 grossi champignon
250 g di seitan
3 cucchiai di olio d'oliva
La scorza grattugiata di 1 limone
Un bicchiere di brodo di verdure
4 cucchiai di succo di limone
2 cucchiai di salsa di soia
1 cucchiaino di aceto di mele
1 cucchiaino di zucchero
Sale e pepe

Curry di seitan con banane

Fibre: 3 g per persona
Proteine: 18 g per persona

Per 4 persone
Preparazione: 10 min.
Cottura: 40 min.

1 cipolla
5 pomodori pelati
2 spicchi d'aglio
2 cucchiai di olio di semi di sesamo
250 g di seitan a dadini
1 cucchiaio di salsa di soia
1 foglia di alloro
20 g di farina
1 banana
20 cl di latte di cocco
30 g di noce di cocco grattugiata
1 cucchiaino di pasta di curry
Sale

Sbucciare e tagliare finemente la cipolla, tagliare i pomodori a pezzi e tritare l'aglio. Soffriggere dolcemente la cipolla nell'olio per qualche minuto poi aggiungere il seitan, la salsa di soia e la pasta di curry e lasciare rinvenire per 3 o 4 minuti, mescolando. Incorporare i pomodori, l'aglio, l'alloro e sobbollire a fuoco basso per 10 minuti.
Diluire la farina in un bicchiere di acqua. Versarla sulla preparazione con la purea di banane. Mescolare bene, incorporare il latte di cocco, la noce di cocco grattugiata e salare. Cuocere a fuoco dolce per 15 minuti.

Servire molto caldo, accompagnato con un piatto di riso integrale.

Nota
Pasta di curry: la si trova già pronta nei negozi di specialità orientali. Da usare con moderazione, poiché è molto piccante.

Salsa alla bolognese vegetariana

Fibre: 1,9 g per persona
Proteine: 10,3 g per persona

Per 6 persone
Preparazione: 15 min.
Cottura: 30 min.

2 cipolle
1 kg di pomodori pelati
3 spicchi d'aglio
Prezzemolo
200 g di seitan o di tofu
2 cucchiai di olio d'oliva
Sale

Sbucciare tutte le verdure, quindi affettare finemente le cipolle, tagliare a pezzi i pomodori e tritare l'aglio e il prezzemolo. Tritare il seitan o sminuzzare il tofu.
Soffriggere le cipolle nell'olio per qualche minuto, aggiungere l'aglio, il seitan e i pomodori. Cuocere dolcemente fino a quando l'acqua dei pomodori non sarà evaporata. Salare, incorporare il prezzemolo ed eventualmente frullare.

Questa salsa può accompagnare un piatto di spaghetti o di cereali integrali.

Nuove proteine: il tofu e il tempeh

IL TOFU

Chiamato anche "formaggio di soia", è il risultato della coagulazione del latte di soia. È stato un filosofo cinese, nel II secolo a.C., a scoprire e mettere a punto il metodo di fabbricazione del tofu – un metodo molto semplice, ancora utilizzato ai giorni nostri.
Durante questa preparazione, l'ammollo e la cottura dei fagioli di soia servono a distruggere i glucidi, che sono responsabili delle flatulenze così come dei fattori antinutrizionali della soia cruda. Il filtraggio permette infine di eliminare i gusci cellulosici.
Il tofu è di colore bianco spento ed è poco saporito, anzi... è quasi privo di sapore; la sua consistenza è gelatinosa. Il suo gusto poco deciso permette di associare il tofu a numerosi alimenti e di poterlo utilizzare in moltissime ricette di cucina. Non esitate ad aggiungerlo a sughi molto piccanti, aromatici, speziati, accompagnandolo con erbe fresche a volontà.
Il tofu è un alimento molto digeribile e perfettamente assimilabile. Per questo occupa una posizione interessante in tutte le diete vegetariane, per i bambini, gli adolescenti, gli sportivi, le donne incinte e le persone anziane. Il suo apporto di ferro lo rende un alimento antianemico per eccellenza.
Il tofu è poco calorico: 87 kcal/100 g, perfetto quindi per tutte le diete dimagranti, ed è anche privo di colesterolo. È ricco di proteine e di fibre, di acidi grassi insaturi e di lecitina, che lo rendono indicato come alimento protettore del sistema cardiovascolare. Contiene anche molte vitamine (A, D, E, K...) e minerali.
Per finire, è un alimento poco costoso, facile e rapido da preparare, che si accompagna a numerosi alimenti.

per 100 g	PROTEINE	FIBRE	LIPIDI	GLUCIDI	CALORIE
TOFU	11,5 g	3,5 g	8 g	3 g	87 kcal

Se associate il tofu al grano (pasta, cuscus...) aumenterete ancora di più il suo valore proteico.

In pratica: il tofu si può utilizzare in cucina in molti modi differenti: sbriciolato (pomodori ripieni, polpette, crocchette, torte, triti...), frullato (creme dolci, salse per verdure crude, maionese, salsa aïoli, purè...), tagliato a dadini (spiedini, torte salate, stufati, zuppe...) o in fette (tofu in tegame, grigliato, impanato o in panini).

I pacchetti di tofu che trovate in commercio si conservano circa 20 giorni in frigorifero. Una volta aperto il pacchetto, conservate il blocco di tofu in un recipiente con acqua fredda, che deve essere cambiata ogni giorno. Nel freezer si conserva per molti mesi.

IL TEMPEH

Ancora meno conosciuto in Europa del tofu, il tempeh è un alimento con un buon valore nutritivo ed è un'eccellente fonte di proteine; è normalmente consumato in Oriente, soprattutto in Indonesia.
Ricco di proteine (oltre il 20%; quanto la carne), contiene anche le vitamine del gruppo B (in particolare la B12, preziosa per i vegetariani perché rara e presente soprattutto nella carne), sali minerali (calcio, ferro, fosforo, magnesio...) e acidi grassi insaturi (8%).
Dopo un ammollo di 12 ore e una cottura di 30 minuti, i fagioli di soia vengono scolati e messi a fermentare per una trentina di ore sotto l'azione di un fungo (il *Rhizopus oligosporus*). Ne risulta un blocco compatto formato da un groviglio inestricabile di fagioli di soia e filamenti di funghi, dal colore grigio chiaro.
Grazie a queste operazioni, come per il tofu, vengono eliminati i fattori antinutrizionali della soia cruda, così come gli zuccheri responsabili della flatulenza.

In pratica: utilizzerete il tempeh preferibilmente fritto nell'olio (ha più sapore), come accompagnamento per un piatto di cereali e/o di verdure cotte, nelle zuppe, stufati, ripieni, salse, torte, spiedini.

per 100 g	PROTEINE	FIBRE	LIPIDI	GLUCIDI	CALORIE
TEMPEH	21 g	4 g	9 g	5 g	185 kcal

Il tempeh si conserva una ventina di giorni in frigorifero. Può anche essere congelato, conservandosi così per molti mesi.

Tempeh (ricetta di base)

Fibre: 2,5 g per persona
Proteine: 13 g per persona

Per 4 persone
Preparazione: 5 min.
Cottura: da 5 a 10 min.

250 g di tempeh
Olio per friggere
Sale

Tagliare il tempeh a dadini (più o meno grossi) o a rondelle. Friggere nell'olio caldo, scolare molto bene e salare.

Per essere buono, il tempeh dovrà avere una consistenza croccante e un colore dorato.

Tempeh saltato al pomodoro

Fibre: 3,5 g per persona
Proteine: 14 g per persona

Per 4 persone
Preparazione: 10 min.
Cottura: 20 min.

1 grossa cipolla
150 g di champignon
2 spicchi d'aglio
250 g di tempeh
Olio per friggere
2 cucchiai di olio d'oliva
1 cucchiaino di erbe di Provenza
Salsa di soia
3 cucchiai di salsa di pomodoro

Sbucciare e tagliare finemente la cipolla e i funghi, tritare l'aglio e tagliare il tempeh a fettine di 1 cm di spessore.
Friggere il tempeh nell'olio per 5 minuti.
Nel frattempo soffriggere la cipolla, l'aglio e i funghi nell'olio d'oliva. Aggiungere il tempeh, gli aromi e la salsa di pomodoro e lasciare cuocere a fuoco basso per una quindicina di minuti.

Hamburger vegetariani

Fibre: 3,5 g per persona
Proteine: 11,3 g per persona

Per 4 persone
Preparazione: 10 min.
Cottura: 10 min.

3 scalogni
250 g di tofu
1 tazza di fiocchi d'avena o di orzo
2 cucchiai di farina
2 cucchiaini di senape
2 cucchiai di salsa Worcestershire
Olio d'oliva

Sbucciare e sminuzzare gli scalogni.
Impastare tutti gli ingredienti con le mani, poi con le mani infarinate formare delle piccole crocchette. Appiattirle e cuocerle in un tegame, nell'olio d'oliva, su ogni lato.

Fibre: 2 g per persona
Proteine: 7,3 g per persona

Tofu in tegame

Per 4 persone
Preparazione: 5 min.
Cottura: da 5 a 10 min.

Olio a scelta (per cuocere)
Salsa di soia
250 g di tofu

Versare l'olio e la salsa di soia in un tegame. Disporvi il tofu tagliato a dadini e cuocere per 2-3 minuti per ogni lato.

Servire accompagnato da verdure o cereali.

Fibre: 4 g per persona
Proteine: 9 g per persona

Per 5 persone
Preparazione: 10 min.
Cottura: 30 min.

2 cipolle
5 pomodori pelati
300 g di tofu
2 cucchiai di olio
1 cucchiaino di cumino in polvere
1 cucchiaino di curry in polvere
Un pizzico di zenzero
30 cl di latte e polpa di cocco
Sale

Curry di tofu al latte di cocco

Sbucciare e sminuzzare le cipolle, tagliare i pomodori e il tofu a dadini.
Soffriggere le cipolle nell'olio, aggiungere le spezie, il pomodoro, il tofu e il latte di cocco e mescolare bene. Salare se necessario e cuocere a fuoco dolce per 15 minuti.

Questo curry sarà delizioso se accompagnato con riso basmati.

Tofu in salsa piccante

Sbucciare e sminuzzare le cipolle, tritare l'aglio, tagliare i pomodori e il tofu a dadini.
Soffriggere le cipolle nell'olio per 5 minuti. Aggiungere il tofu e la salsa di soia e lasciare rinvenire ancora per 5 minuti.
Quindi incorporare i pomodori, l'aglio, il vino, la passata di pomodoro, il timo, l'alloro, la paprika e il peperoncino.
Salare e lasciare cuocere a fuoco basso per 45 minuti.
Incorporare a fine cottura i capperi scolati.

Fibre: 3 g per persona
Proteine: 8 g per persona

Per 4 persone
Preparazione: 10 min.
Cottura: 1 ora

3 cipolle
2 spicchi d'aglio
4 pomodori pelati
250 g di tofu a dadini
3 cucchiai di olio
2 cucchiai di salsa di soia
2 bicchieri di vino bianco
2 cucchiai di passata di pomodoro
1 cucchiaino di timo in polvere
1 foglia di alloro
1 cucchiaino di paprika
Una punta di peperoncino di Cayenna
Un barattolino di capperi
Sale

Vol-au-vent con tofu

Fibre: 2,5 g per persona
Proteine: 11 g per persona

Per 4 persone
Preparazione: 30 min.
Cottura: 30 min.

1 cipolla sminuzzata
1 carota
150 g di champignon
150 g di tofu
100 g di gruviera
3 cucchiai di olio d'oliva
2 cucchiai di tamari
30 cl di besciamella
Noce moscata
4 vol-au-vent
1 cucchiaio di prezzemolo tritato
Sale e pepe

Sminuzzare finemente la cipolla e la carota, tagliare a dadini i funghi e il tofu, grattugiare il gruviera.
Soffriggere nell'olio la cipolla, la carota e i funghi per qualche minuto, poi aggiungere i dadini di tofu e il tamari. Far rosolare il tutto.
Preparare la besciamella, profumarla con un pizzico di noce moscata e incorporarvi il formaggio grattugiato e il composto di funghi e tofu. Mescolare bene, salare, pepare e farcire i vol-au-vent.
Passare per 5 minuti in forno molto caldo e servire subito, accompagnato da un cereale bollito (riso, grano, miglio), ricoperto con la salsa rimasta.

Tofu strapazzato

Fibre: 3 g per persona
Proteine: 8,8 g per persona

Per 4 persone
Preparazione: 10 min.
Cottura: 25 min.

2 cipolle
2 spicchi d'aglio
4 pomodori pelati
Qualche fogliolina di prezzemolo
3 cucchiai di olio
250 g di tofu
2 cucchiai di salsa di soia

Sbucciare e sminuzzare le cipolle, tritare l'aglio, i pomodori e il prezzemolo.
Soffriggere dolcemente le cipolle nell'olio per qualche minuto, poi aggiungere i pomodori e l'aglio. Dopo 5 minuti, incorporare il tofu tagliato a dadini con la salsa di soia e rosolare il tutto per una decina di minuti.
Lontano dal fuoco, aggiungere il prezzemolo e se necessario salare.

Fibre: 4,2 g per persona
Proteine: 13,2 g per persona

Per 5 persone
Preparazione: 15 min.
Cottura: 40 min.

3 scalogni
Olio d'oliva
2 cucchiai di tamari
120 g di tofu affumicato
1 gambo di sedano
1 porro
2 carote
230 g di lenticchie verdi
15 cl di passata di pomodoro
2 spicchi d'aglio
1 mazzetto di odori (timo, alloro e prezzemolo in uguale misura)
Qualche fogliolina di prezzemolo
Sale e pepe

Stufato di lenticchie e tofu affumicato

Sminuzzare gli scalogni e soffriggerli nell'olio con il tamari e il tofu affumicato tagliato a dadini, per una decina di minuti. Tritare il sedano e il porro, tagliare le carote a rondelle e versare il tutto nella pentola. Unire le lenticchie, la passata di pomodoro, l'aglio tritato, il mazzetto di odori e ricoprire di acqua.
Portare a ebollizione, abbassare il fuoco e cuocere dolcemente per 30 minuti.
Prima di servire, cospargere con le foglioline di prezzemolo e aggiustare di sale e pepe.

“Ossobuco” di tofu

Sbucciare le verdure, tagliare a dadini le cipolle, le carote e il sedano. Tagliare i pomodori e il tofu a dadini e tritare l’aglio.
Soffriggere in una pentola le cipolle, i pomodori, l’aglio, il sedano e il mazzetto guarnito a fuoco dolce per 10 minuti.
Infarinare i dadini di tofu e aggiungerli alle verdure. Bagnare con il vino bianco e un po’ di acqua in modo da ricoprire il tutto.
Salare e cuocere a fuoco basso per 15 minuti.
Lontano dal fuoco, cospargere con il prezzemolo, il sale e la scorza dell’arancia tagliata fine.

Fibre: 3,8 g per persona
Proteine: 8,8 g per persona

Per 4 persone
Preparazione: 15 min.
Cottura: 30 min.

400 g di cipolle tagliate finemente
3 gambi di sedano
2 carote
4 pomodori pelati
250 g di tofu
3 spicchi d’aglio
1 mazzetto di odori (timo, alloro e prezzemolo in uguale misura)
3 cucchiai di olio d’oliva
Farina
10 cl di vino bianco
1/2 cucchiaino di sale
Un po’ di prezzemolo
La scorza di un’arancia
Sale

Bulgur alle olive nere

Fibre: 4,8 g per persona
Proteine: 5,5 g per persona

Per 5 persone
Preparazione: 10 min.
Riposo: 4 ore

4 scalogni
3 rametti di prezzemolo
200 g di olive nere denocciolate
2 tazze di bulgur
1 spicchio d'aglio
2 cucchiai di olio d'oliva
3 limoni
1 cucchiaino di paprica in polvere
Sale

Tritare gli scalogni e il prezzemolo e tagliare le olive a dadini.
Versare una tazza di acqua in un pentolino e portarla a ebollizione, poi versarla sul bulgur salato. Lasciare riposare per 4 ore.
Aggiungere il prezzemolo, gli scalogni, l'aglio tritato e le olive, versare l'olio e mescolare.
Cospargere con il succo di limone e la paprica al momento di servire.

Polpette di castagne

Fibre: 1,8 g per persona
Proteine: 10,8 g per persona

Per 4 persone
Preparazione: 10 min.
Cottura: 10 min.

1 scatola di castagne al naturale (300 g circa)
2 uova
2 cucchiai di pangrattato
80 g di fontina
Un po' di latte di soia
Olio per la cottura
Sale

Schiacciare grossolanamente le castagne con la forchetta, aggiungervi le uova sbattute, il sale, il pangrattato, il formaggio e un po' di latte.
Mescolare bene e cuocere nell'olio, in un tegame, qualche minuto per parte.

Ceci al colombo

Fibre: 2,5 g per persona
Proteine: 10 g per persona

Per 4 persone
Ammollo: 1 notte
Preparazione: 15 min.
Cottura: 2 ore

200 g di ceci
3 pomodori
3 zucchine
5 patate
2 cipolle
3 spicchi d'aglio
Olio d'oliva
1 mazzetto di odori (timo, alloro e prezzemolo in uguale misura)
1 cucchiaino di colombo in polvere
1 lime
1 cucchiaio di prezzemolo
Sale e pepe

Mettere a bagno i ceci la sera prima con un pizzico di bicarbonato di sodio.
Sbucciare le verdure, tagliare i pomodori e le zucchine a rondelle, le patate a dadini, tagliare finemente le cipolle e tritare l'aglio.
Soffriggere le cipolle nell'olio, aggiungere l'aglio, i pomodori, le zucchine, le patate, il mazzetto di odori, il colombo, i ceci e ricoprire con abbondante acqua. Portare a ebollizione, abbassare il fuoco e sobbollire fino alla completa cottura dei ceci (da 1 ora e 30 minuti a 2 ore).
A fine cottura irrorare con il succo di lime e cospargere con il prezzemolo tritato.

Nota
Colombo: miscela di spezie composta da curcuma, riso in polvere, coriandolo, pepe, cumino e fieno greco. È utilizzato soprattutto nella cucina dei Caraibi e per insaporire carne e pesce.

Fibre: 7 g per persona
Proteine: 14 g per persona

Per 5 persone
Preparazione: 10 min.
Cottura: 1 ora e 10 min.

2 spicchi d'aglio
1 cipolla
250 di pomodori pelati
1/2 cucchiaino di zenzero grattugiato
1/2 cucchiaino di cumino in polvere
1/2 cucchiaino di curcuma in polvere
1/2 cucchiaino di coriandolo in polvere
3 cucchiai di olio
250 g di lenticchie verdi
1 cucchiaio di coriandolo fresco
Sale

Lenticchie stufate

Sbucciare la cipolla e tritarla, tagliare a dadini i pomodori. Soffriggere le spezie nell'olio per 1 minuto. Aggiungere le lenticchie, l'aglio e i pomodori. Rosolare il tutto per 5 minuti. Ricoprire con l'acqua e cuocere per 1 ora abbondante. A fine cottura, cospargere con il coriandolo fresco tritato.

Pentolata di quinoa alle carote

Fibre: 1,5 g per persona
Proteine: 9 g per persona

Per 4 persone
Preparazione: 10 min.
Cottura: 35 min.

1 cipolla
2 carote
2 cucchiai di olio d'oliva
1 dado di brodo di soia
2 tazze di quinoa
2 foglie di alloro
Qualche oliva nera denocciolata
100 g di fontina o di gruviera
Sale e pepe

Sbucciare le verdure, tagliare finemente la cipolla, grattugiare le carote.
Soffriggere la cipolla nell'olio d'oliva per 5 minuti, aggiungere le carote grattugiate, il dado, la quinoa, l'alloro e le olive tagliate a dadini. Ricoprire con 5 tazze di acqua, portare a ebollizione, abbassare il fuoco e sobbollire per 20 minuti.
Lontano dal fuoco, salare, pepare e cospargere con la fontina grattugiata. Coprire per una decina di minuti perché il formaggio si sciolga e la quinoa si gonfi.

Cuscus gratinato

Fibre: 10,3 g per persona
Proteine: 18,6 g per persona

Per 5 persone
Preparazione: 15 min.
Cottura: 1 ora e 10 min.

2 peperoni rossi
3 pomodori pelati
1 grossa cipolla
2 spicchi d'aglio
1 cucchiaino di basilico tritato
1 cucchiaio di prezzemolo tritato
75 g di olive nere denocciolate
250 g di cuscus
Olio d'oliva
150 g di mandorle
2 pizzichi di noce moscata
2 pizzichi di cannella
3 uova
150 g di ricotta cremosa
Sale

Sbucciare le verdure, tagliare i peperoni a listarelle, i pomodori a pezzi e affettare finemente la cipolla. Tritare l'aglio e le erbe e tagliare a dadini le olive.
Cuocere il cuscus al vapore o nell'acqua, salarlo.
Soffriggere in poco olio la cipolla, poi i peperoni e i pomodori.
Mescolare il cuscus con le verdure, le mandorle, gli aromi, l'aglio e le olive, salare e versare in una teglia da forno cosparsa di olio. Ricoprire con un composto di uova e ricotta ben sbattute.
Cuocere in forno caldo, a 180 °C per 1 ora.

Cuscus veloce

Tagliare i pomodori a dadini, tritare l'aglio e la cipolla.
Cuocere il cuscus in acqua o al vapore e salarlo.
Grigliare i peperoni nel forno caldo, spellarli, tagliarli a listerelle sottili e soffriggerli nell'olio con la cipolla. Aggiungere i pomodori e lasciare sobbollire per 15 minuti. Unire infine anche l'aglio, il cumino, il prezzemolo e il sale.
Servire il cuscus su un piatto di portata con il contorno di peperoni e pomodori.

A piacere, sevire il cuscus cosparso di uvette.

Fibre: 1,6 g per persona
Proteine: 6 g per persona

Per 6 persone
Preparazione: 25 min.
Cottura: 35 min.

4 pomodori pelati
3 spicchi d'aglio
1 grossa cipolla
250 g di cuscus
3 peperoni
3 cucchiai di olio d'oliva
1 cucchiaino di cumino in polvere
Un po' di prezzemolo tritato
Sale

Fave con crème fraîche

Fibre: 11,6 g per persona
Proteine: 13,2 g per persona

Per 5 persone
Ammollo: 1 notte
Preparazione: 15 min.
Cottura: 2 ore e 10 min.

250 g di fave secche
1 gambo di sedano
1 carota
1 cipolla
2 cucchiai di olio d'oliva
1 spicchio d'aglio
1 mazzetto di aromi (timo, alloro e prezzemolo)
1 dado vegetale
1 cucchiaino di prezzemolo
1 piccola confezione di crème fraîche
Sale e pepe

Mettere a bagno le fave la sera prima con un pizzico di bicarbonato di sodio.
Il giorno dopo, scolarle e sciacquarle rapidamente.
Sbucciare e tagliare finemente le verdure.
Soffriggere la cipolla nell'olio, aggiungere le fave, le verdure, l'aglio tritato, il mazzetto di aromi e il dado. Ricoprire di acqua, portare a ebollizione e cuocere a fuoco basso per 2 ore.
Una volta terminata la cottura salare e pepare.
Cospargere con il prezzemolo tritato e ricoprire con la crème fraîche (se dovesse rimanere un po' di liquido, eliminatelo).
Mescolare bene per ricoprire bene le fave con la crème fraîche e servire subito.

In alternativa potete sostituire le fave con i fagioli bianchi.

Fagioli agli spinaci

Fibre: 6,5 g per persona
Proteine: 10 g per persona

Per 4 persone
Ammollo: 1 notte
Preparazione: 15 min.
Cottura: 1 ora e 10 min.

200 g di fagioli bianchi
1 mazzetto guarnito (timo, alloro e prezzemolo in uguale misura)
2 spicchi d'aglio
3 cucchiai di olio d'oliva
750 g di spinaci
1 cucchiaio di farina
1 bicchierino di latte di soia
Sale e pepe

Mettere a bagno i fagioli per una notte con un pizzico di bicarbonato di sodio.
Il giorno dopo, cuocerli con il mazzetto di odori in acqua bollente per 1 ora circa.
Nel frattempo, soffriggere l'aglio nell'olio d'oliva facendo attenzione a non bruciarlo.
Mondare gli spinaci, lavarli e tritarli. Gettarli nell'olio caldo con l'aglio e lasciare ridurre dolcemente per una decina di minuti.
Cospargere con la farina, aggiungere il latte di soia, mescolare bene e incorporare i fagioli. Salare, pepare e mescolare con attenzione il tutto per ripartire al meglio i fagioli e gli spinaci.

Potete sostituire gli spinaci con delle foglie di bietole e i fagioli bianchi con un'altra varietà di fagioli.

Un cereale poco conosciuto: la quinoa

Ha fatto la sua comparsa solamente da qualche anno in Europa, e la si può acquistare, anche se non è facile trovarla, nelle drogherie o nei negozi di prodotti naturali.
In Sudamerica invece ha costituito l'alimento base delle civiltà precolombiane ed è tuttora parte integrante dell'alimentazione degli Indios, che la coltivano in abbondanza sugli altipiani della cordigliera delle Ande, a 3000 metri di altitudine.
La quinoa non è un cereale vero e proprio, ma gli assomiglia per aspetto, proprietà e utilizzo. Fa parte della famiglia delle chenopodiacee, come la barbabietola e gli spinaci.
Estremamente nutritiva, la quinoa è molto ricca di proteine (13,8%) – contiene tutti gli acidi amminati indispensabili, quali l'arginina e l'astidina, necessari nella dieta dei bambini –, di fibre (più del 10%), di vitamine (A, B, C, e E), di sali minerali (calcio, ferro, magnesio), e contiene anche acidi grassi insaturi e lecitina.
Priva di glutine, la quinoa può essere consumata anche dalle persone intolleranti a questa proteina.

per 100 g	PROTEINE	GLUCIDI	LIPIDI	FIBRE	CALORIE
QUINOA	13,8 g	59,7 g	6 g	2 g	360 kcal

In pratica: la quinoa si presenta sotto forma di piccoli grani rotondi (della misura di un grosso grano di cuscus). Con la cottura, il grano raddoppia il suo volume, diventa translucido e appare un germoglio a forma di spirale.
La cottura è semplice e rapida: dopo aver lavato rapidamente la quinoa sotto l'acqua fredda, portarla a ebollizione in una quantità di acqua pari al doppio del suo volume. Abbassare il fuoco, coprire e lasciare cuocere a fuoco lento per una decina di minuti. Salare una volta terminata la cottura.
Potete optare anche per una cottura al vapore. In questo caso calcolate 20-25 minuti di cottura e mescolate la quinoa con verdure, salse di pomodoro, funghi; in pratica la si può utilizzare come sostitutivo del riso.
La quinoa si può trovare in formati differenti: in grani, farina, fiocchi, muesli, pasta, zuppe, polpette vegetali, paste vegetali, biscotti ecc.

Crocchette di quinoa ai funghi

Fibre: 1,8 g per persona
Proteine: 9,5 g per persona

Per 4 persone
Preparazione: 10 min.
Cottura: 20 min.

150 g di quinoa
1 dado vegetale
Olio per la cottura
1 cipolla
150 g di champignon
2 cucchiai di farina bigia
Prezzemolo
1 cucchiaino di semi di sesamo
50 g di parmigiano grattugiato
1 uovo
Sale e pepe

Cuocere la quinoa per 20 minuti in una quantità di acqua bollente (o brodo di verdure) corrispondente a due volte e mezza il suo volume; dovrà risultare morbida.
Nel frattempo soffriggere nell'olio la cipolla e i funghi mondati e affettati.
Quando la quinoa sarà pronta, mescolarla con le verdure, il prezzemolo tritato finemente, i semi di sesamo, il parmigiano, l'uovo e la farina. Infine, con le mani infarinate, formare delle piccole crocchette e cuocerle in un tegame.

Fibre: 7 g per persona
Proteine: 15,3 g per persona

Per 4 persone
Preparazione: 5 min.
Cottura: 25 min.

25 cl di latte di soia
20 g di burro
Noce moscata
250 g di semolino di grano duro integrale
100 g di formaggio grattugiato
Sale

Gnocchi di semolino

Fare bollire il latte con 25 cl di acqua, il burro, il sale e la noce moscata. Versare il semolino a pioggia e cuocere per 10 minuti senza smettere di mescolare.
Togliere dal fuoco e aggiungere il formaggio, mescolando bene.
Versare il composto in una tortiera ben oleata e lasciare raffreddare.
Tagliare a fettine e disporle in una teglia, cosparse con il formaggio grattugiato e irrorate con un filo di olio. Gratinare per qualche minuto in forno caldo.

Fibre: 4,5 g per persona
Proteine: 12,5 g per persona

Per 4 persone
Preparazione: 10 min.
Cottura: 55 min.

1 grossa cipolla
1 peperone rosso
1 peperone verde
4 pomodori pelati
2 cucchiai di olio d'oliva
3 uova
25 cl di crème fraîche
1 cucchiaino di senape
Qualche goccia di tabasco
2 cucchiai di prezzemolo
1 scatola grande di mais
Sale e pepe

Mais gratinato

Sbucciare e tagliare finemente la cipolla e i peperoni, tagliare i pomodori a dadini e soffriggerli nell'olio d'oliva.
Sbattere le uova con la panna, la senape e il tabasco in una ciotola.
Amalgamare le due preparazioni e aggiungere il prezzemolo, i pomodori e il mais. Versare il tutto in una teglia e cuocere in forno, a 180 °C per circa 45 minuti.

Potete cospargere il tutto con formaggio grattugiato, passarlo in forno e servirlo accompagnato con dei nachos (patatine di mais).

Polenta con fontina

Fibre: 1 g per persona
Proteine: 13,2 g per persona

Per 4 persone
Preparazione: 5 min.
Cottura: 30 min.

125 g di farina di mais gialla
200 g di fontina
75 g di burro
1 cucchiaino di sale

Portare a ebollizione un litro di acqua salata.
Versare a pioggia la farina di mais e mescolare senza fermarsi, fino a quando il composto si addensa e cuocere a fuoco basso per 15 minuti (3 minuti se la farina è precotta), mescolando spesso.
In una teglia imburrata disporre uno strato di polenta, ricoprire con la fontina grattugiata e il burro. Ripetere l'operazione e realizzare 3 o 4 strati. Terminare con uno strato di burro e fontina.
Passare in forno caldo, a 200 °C per 10 minuti.
Servire molto caldo.

Padellata di cavolo alle castagne

Fibre: 4 g per persona
Proteine: 5,3 g per persona

Per 4 persone
Preparazione: 15 min.
Cottura: da 1 ora e 30 min. a 2 ore

1 piccola verza verde
300 g di zucca
2 mele
2 carote
1 grossa cipolla
1 gambo di sedano
2 cucchiai di olio d'oliva
1 scatola di castagne al naturale (circa 300 g)
Qualche foglia di alloro

Sbucciare, lavare e tagliare la verza a lamelle, la zucca e le mele a dadini, le carote a rondelle. Tagliare finemente la cipolla e il sedano. In una pentola di coccio, disporre 2 cucchiai di olio, la cipolla, le mele, la verza, le castagne, la zucca, le carote e il sedano. Aggiungere l'alloro, un bicchierino di acqua e coprire. Lasciare cuocere dolcemente per 1 ora e mezza-2 ore e salare una volta ultimata la cottura.

Servire accompagnato con riso integrale pilaf per un piatto molto energetico.

Purea di piselli

Fibre: 12 g per persona
Proteine: 14 g per persona

Per 5 persone
Preparazione: 5 min.
Cottura: 1 ora e 30 min.

1 carota
1 cipolla
2 spicchi d'aglio
250 g di piselli secchi
1 cucchiaino di erbe di Provenza
Un pizzico di cumino in polvere
2 foglie di alloro
Sale

Lavare bene i piselli e le foglie di alloro e sminuzzare la carota e la cipolla.
Tritare l'aglio.
Versare tutti gli ingredienti in una pentola, ricoprire di acqua e cuocere per 1 ora e mezza.
Frullare il tutto e servire.

Caponata al farro

Sbucciare le verdure, tagliare finemente la cipolla e i gambi di sedano, le melanzane e i pomodori a rondelle, le zucchine a dadini e i peperoni a listerelle. Tritare l'aglio.
Cuocere il farro in un tegame e contemporaneamente soffriggere le verdure in una pentola con olio d'oliva.
Quando le due preparazioni sono pronte, amalgamarle, salare, aggiungere i capperi e il succo di limone. Mescolare bene e lasciare cuocere ancora 10 minuti.

Fibre: 7 g per persona
Proteine: 8 g per persona

Per 4 persone
Preparazione: 20 min.
Cottura: 45 min.

1 grossa cipolla
2 gambi di sedano
2 melanzane
4 pomodori
2 grosse zucchine
1 peperone rosso
6 spicchi d'aglio
200 g di farro
Olio d'oliva
Una manciata di capperi
Il succo di 1 limone
Sale

Riso al curry con anacardi

Fibre: 4,6 g per persona
Proteine: 5,8 g per persona

Per 6 persone
Preparazione: 10 min.
Cottura: 1 ora

1 ananas
60 g di uvette
60 g di burro
2 scalogni
75 g di anacardi
1 cucchiaino di coriandolo in polvere
1 cucchiaino di curcuma in polvere
1/2 cucchiaino di paprica in polvere
250 g di riso lungo integrale
1/2 l di acqua o brodo di verdure
1 cucchiaio di foglie di coriandolo fresche (o di prezzemolo)
Sale

Dorare l'ananas e le uvette per qualche minuto in 30 g di burro. Nel frattempo sciogliere il resto del burro e aggiungere gli scalogni, gli anacardi, il coriandolo, la curcuma e la paprica e soffriggere il tutto mescolando spesso.
Aggiungere il riso, salare e rosolare ancora per 5 minuti; a questo punto incorporare l'ananas a dadini, le uvette e versare il brodo o l'acqua. Portare a ebollizione.
Abbassare il fuoco, coprire e lasciare cuocere per 40 minuti fino a quando il riso avrà assorbito tutto il liquido.
Disporre su un piatto di portata e cospargere con il coriandolo fresco.

Riso alla giapponese

Fibre: 5,6 g per persona
Proteine: 7,6 g per persona

Per 5 persone
Preparazione: 5 min.
Ammollo: 3 ore
Cottura: 40 min.

60 g di fagioli azuki
15 cm di alga kombu
200 di riso integrale tondo
1 cucchiaio di olio di semi di sesamo
Sale

Mettere gli azuki a bagno per 3 ore e tagliare l'alga a dadini di 1 cm circa.
Cuocere insieme il riso, le alghe e gli azuki in acqua bollente salata.
Al momento di servire, aggiungere l'olio di semi di sesamo e salare.

Nota

Fagioli azuki: piccoli fagioli rossi originari del Giappone.

Orzo all'orientale

Fibre: 7,5 g per persona
Proteine: 8,6 g per persona

Per 5 persone
Preparazione: 10 min.
Ammollo: 2 ore
Cottura: 1 ora e 30 min.

1 peperone rosso
1 peperone verde
100 g di uvette
250 g di orzo
Olio d'oliva
30 g di pinoli
50 g di mandorle a filetti
3 rametti di cerfoglio
Una punta di zafferano
Sale

Mondare i peperoni e togliere i semini, tagliarli a listerelle e gonfiare le uvette in un po' di acqua calda.
Mettere l'orzo a cuocere dopo averlo lasciato a bagno per 2 ore.
Soffriggere i peperoni nell'olio e cuocerli a fuoco basso, aggiungere le uvette, i pinoli, le mandorle, il cerfoglio e lo zafferano, mescolare bene e salare se necessario.
Disporre l'orzo in un piatto di portata e coprirlo con i peperoni.

Grano saraceno ai funghi

Fibre: 5,5 g per persona
Proteine: 12,5 g per persona

Per 4 persone
Preparazione: 10 min.
Cottura: 15 min.

2 cipolle
200 g di champignon
2 cucchiai di olio d'oliva
2 tazze di grano saraceno grigliato (kasha)
Qualche fogliolina di prezzemolo
100 g di fontina grattugiata
Sale

Sbucciare le cipolle e i funghi, sminuzzarli, poi farli rinvenire nell'olio. Cuocere il grano saraceno per 3 minuti in 4 tazze di acqua salata, aggiungere il prezzemolo. Mescolare bene e servire cosparso di fontina grattugiata.

Socca

Fibre: 11,5 g per persona
Proteine: 9 g per persona

Per 4 persone
Preparazione: 10 min.
Riposo: 1 ora
Cottura: 10 min.

250 g di farina di ceci
Olio d'oliva per la cottura
Sale e pepe

Versare la farina in una ciotola capiente e, molto delicatamente, aggiungere 60 cl di acqua mescolando in continuazione.
Salare. Incorporare 1 cucchiaio di olio e lasciare riposare per almeno 1 ora. Versare in una tortiera grande ben oleata uno spessore di 3 mm circa (non di più) di impasto. Cuocere in forno molto caldo, a 240 °C per una decina di minuti.

La socca dovrà risultare dorata e morbida all'interno.

Nota
Socca: piatto povero tipico della zona di Nizza, simile alla nostra farinata.

Tagliatelle estive

Sbucciare le verdure, tagliare finemente la cipolla e tagliare a dadini le zucchine. Tritare l'aglio e le erbe.
Soffriggere la cipolla nell'olio, aggiungere le zucchine e l'aglio, aggiustare di sale e pepe e cuocere per circa 10 minuti: le zucchine dovranno essere cotte e dorate.
Cuocere la pasta in acqua bollente salata, scolarla e versarla in una grossa teglia. Incorporare le zucchine aromatizzate al basilico cospargere con la crème fraîche e il parmigiano. Passare in forno caldo, a 220 °C per 5 minuti.

Fibre: 2,8 g per persona
Proteine: 12,8 g per persona

Per 5 persone
Preparazione: 10 min.
Cottura: 30 min.

1 cipolla
800 g di zucchine
2 spicchi di aglio
Basilico o prezzemolo
4 cucchiai di olio
250 g di tagliatelle integrali
150 g di crème fraîche
60 g di parmigiano grattugiato
Sale e pepe

Porridge goloso

Fibre: 7,7 g per persona
Proteine: 11,4 g per persona

Per 6 persone
Preparazione: 10 min.
Cottura: 10 min.

110 g di fiocchi d'avena
1 l di latte a scelta (avena, soia, mandorle…)
20 cl di crème fraîche o di yogurt
100 g di zucchero di canna
350 g di lamponi
50 g di mandorle a scaglie
Sale

Portare a ebollizione i fiocchi d'avena nel latte che avrete scelto, poi togliere dal fuoco e lasciare gonfiare per 10 minuti.
Incorporare la crème fraîche, zuccherare, mescolare e versare in piccoli tegamini.
Disporvi i lamponi leggermente schiacciati e coprire con le mandorle; sarà ancora più buono leggermente grigliato.

Questo porridge costituisce un'eccellente prima colazione che vi eviterà i languori di metà mattino, ed è raccomandato soprattutto in inverno.

Muffin al mais e ai mirtilli

Fibre: 7,4 g per persona
Proteine: 8,4 g per persona

Per 8 persone
Preparazione: 15 min.
Cottura: 20 min.

250 g di farina bigia
200 g di farina di mais
75 g di zucchero di canna
Un buon pizzico di bicarbonato di sodio
100 g di burro o di margarina da agricoltura biologica
1/4 di litro di latte di soia
2 uova
300 g di mirtilli
Un pizzico di sale non raffinato

Mescolare in una ciotola capiente le farine, lo zucchero, il bicarbonato di sodio e il sale.
Sciogliere leggermente il burro e incorporarlo al composto di farina, con il latte e le uova sbattute. Quando il composto risulterà omogeneo, aggiungere i mirtilli e mescolare rapidamente.
Riempire con questo composto degli stampini per muffin (oppure dei piccoli tegami) e cuocere in forno caldo, a 200 °C per circa una ventina di minuti.

Plumcake energetico

Fibre: 4,6 g per persona
Proteine: 12,7 g per persona

Per 8 persone
Preparazione: 20 min.
Cottura: 1 ora e 20 min.

180 g di burro
o di margarina
da agricoltura biologica
220 g di zucchero
di canna
500 g di datteri
250 g di gherigli di noci
3 uova
300 g di farina bigia
Sale

Denocciolare i datteri e tritarli grossolanamente; fare lo stesso anche con le noci. Passare le noci in forno caldo per grigliarle.
Sciogliere leggermente il burro e mescolarlo in una ciotola capiente con lo zucchero e il sale fino a ottenere un composto omogeneo.
Incorporare le uova, i datteri, le noci e per ultimo la farina.
Mescolare il tutto vigorosamente e riempire 2 stampi da plumcake imburrati. Infornare a 170 °C per circa 1 ora e 15 minuti.
Le torte saranno pronte quando uno stuzzicadenti infilato nel centro ne uscirà pulito.
Sformare le torte qualche minuto dopo averle sfornate.

Queste torte, oltre a essere deliziose, si conservano per giorni.

Croccante alle pesche

Fibre: 5,2 g per persona
Proteine: 4,8 g per persona

Per 6 persone
Preparazione: 20 min.
Cottura: 50 min.

6-8 pesche mature
100 g di burro o di margarina da agricoltura biologica
120 g di zucchero di canna
150 g di farina bigia
50 g di fiocchi a scelta (avena, orzo, riso, miglio...)
1 cucchiaino di cannella in polvere
4 cucchiai di noce di cocco grattugiata
Un pizzico di sale

Tagliare le pesche a pezzi e metterle in una teglia.
Sciogliere il burro in una casseruola, a fuoco dolce, e una volta fuso, toglierlo dal fuoco. Incorporare lo zucchero, la farina, i fiocchi, il sale e le spezie, mescolare bene e ricoprire con questo composto la frutta. Cuocere in forno, a 200 °C, per 40 minuti.

Servire tiepido accompagnato con crème fraîche o gelato alla vaniglia. Ovviamente, per questa ricetta può essere utilizzato qualsiasi tipo di frutta, anche mescolandone diverse qualità.

Dolce canadese

Fibre: 5,8 g per persona
Proteine: 6,2 g per persona

Per 8 persone
Preparazione: 15 min.
Cottura: 40 min.

140 g di zucchero di canna
8 cl di olio d'oliva
2 uova
200 g di farina bigia o integrale
1 cucchiaino di cannella in polvere
Un pizzico di noce moscata
1/2 cucchiaino di bicarbonato di sodio
200 g di carote grattugiate
75 g di uvette
75 g di noce di cocco grattugiata
8 cl di latte di soia
Un pizzico di sale

Mescolare in una ciotola capiente lo zucchero, l'olio e le uova. Quando il composto sarà ben amalgamato, incorporare la farina, le spezie, il sale, il bicarbonato, le carote, le uvette e il cocco. Se necessario, aggiungere un po' di latte di soia. Mescolare bene, versare in una tortiera a cerniera leggermente unta e mettere in forno caldo a 180 °C per 40 minuti.

Sformare il dolce ancora tiepido e gustarlo accompagnato con un po' di ricotta.

INDICE